# 철 원

## - 비 내리는 노동당사

2019

# 철원

— 비 내리는 노동당사

김재석 시집

사이재

## 시인의 말

다시는 한반도에서 동족상잔의 비극이
되풀이되지 않기를 바라는 마음이
이 시집을 낳았다

『도보다리가 답이다』,
『도라산역이 늠름하다』와
자매간인 시집이다

하루 빨리
조국이 하나 되는 것도 중요하지만
다시는 동족상잔하지 말아야 한다

내 동포 내 형제에게
총부리를 겨누는 것보다
더 어리석은 일은 없다

2019년 가을
일속산방(一粟山房)에서
작시치(作詩痴) 김 재 석

**차례**

# 철원

시인의 말

차례

## 1부

철원 13
철원 15
철원이 마음이 편치 않다 16
철원은 고민이 깊다 18
철원 20
철원 22
철원 24
철원평화전망대가 친절하다 26
철원의 밤 28
철원의 달 30
철원 DMZ에 내리는 눈 32
오지다 33
철원은 두루미다 34

## 2부

한탄강(漢灘江) 39
한탄강은 오독하기 쉽다 41
고석정(孤石亭) 43
삼부연폭포(三釜淵瀑布) 45
직탕폭포 47
매월대폭포 48
순담 50
소이산 재송평 52
용양늪 54
송대소 주상절리 56
학저수지 여명 58
도피안사에게 속을 보이다 60
토교저수지 62

# 3부

김일성고지에게 신신당부하다 67
김일성고지에게 황성옛터를 들려주다 68
동막리가 낳은 아이들은 인민군에 징집되지 않았다 70
화살머리고지가 고개를 들다 72
화살머리고지가 요지부동이다 74
백마고지가 갈기를 세우다 76
백마고지가 갈기를 세우고 있다 78
화살머리고지는 어딘가로 날아가고 싶다 80
백마고지는 어딘가로 달려가고 있다 82
화살머리고지와 백마고지가 의기투합하다 84
승일교(昇日橋) 86
도로원표가 총을 맞다 88
제 2땅굴이 얼굴을 들지 못한다 90
월정리역에 내리는 비 92

# 4부

노동당사는 마음이 무겁다 97
노동당사는 송환 불가능한 포로다 98
노동당사와 눈빛을 주고받다 100
노동당사가 사랑을 제일 많이 받다 102
노동당사가 갈 데가 없다 104
노동당사가 전향을 하지 않았다 106
노동당사는 주체사상을 모른다 108
노동당사에게도 꿈이 있다 110
분단시계 '두근두근'은 마음이 바쁘다 112
노동당사가 오해를 사게 생겼다 114
노동당사의 십팔 번은 전선야곡이다 116
노동당사가 '발해를 꿈꾸며'와 절친이다 118
노동당사가 각광받다 120
노동당사는 노동당사다 122
비 내리는 노동당사 124
노동당사가 새들의 은신처이고 들꽃들의 터전이다 125

1부

# 철원
### - 서시

누가
내 몸에다
삼팔선과
휴전선을 그어 놨나

누가
삼팔선과
휴전선을
내 몸에다 그어 놓고
나보다
넘어가지 마라 하나

나보다
삼팔선과
휴전선을 넘어가지 마라니
운명이라고 하기 전에
언어도단이다

삼팔선이
휴전선이 뭐기에
나의 앞길을 가로막느냐

북의 길들이 남으로 오고
남의 길들이 북으로 가게
가거라 삼팔선아,
가거라 휴전선아

누가
내 몸에다
삼팔선과
휴전선을 그어 놨나,
이따위

# 철원

누군가가 잠을 뒤척인다

불쾌한 추억이
누군가를 붙들고 놓아주지 않고 있다

기총소사 소리에
포탄소리에
가위눌린 것이다

화살머리고지일
저격능선인 상감령일
백마고지일 가능성이 많다

아비규환에 진동하는 피비린내를
오랜 세월이 지난 뒤에도
다들 떨쳐내지 못한 것이다

삼팔선과 휴전선 사이에서
유해와 지뢰와 동거하는
철원

누군가가 잠을 설친다

## 철원이 마음이 편치 않다

삼팔선 이북이기도 하고
휴전선 이남이기도 한
철원이 마음이 편치 않을 때가 있다

좌우 냉전 이데올러기가
철원을 서로 차지하려고 다투는 바람에
철원이 어장났다

화살머리고지를
상감령을
백마고지를 보면 그냥 알 수 있다

뼈만 앙상히 남은
포탄 맞은 철원 노동당사가
그걸 입증한다

바라만 봐도 배가 부른
철원평야도
겨울 진객인 철새도 위로가 되지 못한다

휴전선 이남이기도 하고

삼팔선 이북이기도 한
철원이 마음이 편치 않을 때가 많다

# 철원은 고민이 깊다

철원은 고민이 깊다,
여전히

포로 아닌 포로인
노동당사를
어떻게 대접해야 하는지

노동당사도
내 동포 내 형제라고 대접했다간
극우인사들이
총부리를 동포에게 겨눈 자들이
어떻게 내 동포 내 형제냐고 들고 일어설 것이
뻔하기에

부상당한
노동당사가 목숨을 잃지 않도록
응급조치를 취하는 것 이외에는
다른 조치를 취해서는 안 되니

가까스로 살아난 노동당사가
나중에 건강을 되찾아

무슨 일을 저지를지 모르니

정전선언한 뒤 육십육 년의
세월도
노동당사의 생각을 바꾸지 못했을 것 같으니

철원은 고민이 많다,
여전히

# 철원

포부가 크다

누굴 닮아
저리
포부가 크나

태봉국의
궁예다

아니다
아니다

빼앗은 재물을 빈민들에게 나눠 준
임꺽정이다

아니다
아니다

인민공화국을 꿈꾼
노동당사다

누굴 닮았든
포부가 크다,
좌우간

# 철원

책임이 막중하다

어름치,
꺽지,
모래마자,
참마자,
매기가 죽치고 있는
직탕폭포, 주상절리를 거느린
한탄강이
다시는
핏물이 번지지 않도록 지켜야 하니

중상 아닌
이미 죽은 목숨인
화살머리고지를 살려내야 하니

드러누운 백마고지가
벌떡 일어나
갈기를 세울 수 있게 해야 하니

책임이 막중하다

송환이 불가능한 포로인
뼈대만 앙상하게 남은 노동당사도
동족이기에
극우인사들에게
보복당하지 않도록 지켜 줘야 하니

# 철원

혐오의 대명사인
지뢰와 동거 중이다

자발적으로
동거하는 게 아니라
마지못해 동거하는 것이다

날짐승이
들짐승이
지뢰의 밥이 될 때는
자책하느라
잠 못 이룬다

제 탓이 아닌 데도
제 탓이라 여긴다

지뢰와
인연을 끊고 싶어도
지뢰가 놔주지 않는다

지뢰 때문에

죽을 지경이면서도
징징거리지 않는 걸 보면
대단하다

# 철원평화전망대가 친절하다


감정노동자인
철원평화전망대가 친절하다

먼 걸음을 한 경향각지 길들이
이것저것 물어보면
짜증날 텐데
짜증낸 적이 없다

화살머리고지 전투에서
백마고지 전투,
저격능선 전투인 상감령 전투까지
내가 이리 빠삭한 것은
친절한 철원평화전망대 덕분이다

주먹구구가 아니라
일목요연하게
화살머리고지 전투에서
백마고지 전투,
저격능선 전투인 상감령 전투까지
내 머릿속에 담아주는 재주가
기똥차다

철원맛을 보여주는데
승일교, 직탕폭포, 주상절리
겨울의 진객인 철새는
별미다

더불어
태봉국의 궁예와
임꺽정 그리고 노동당사는
별미 중의 별미다

철원평화전망대가
'너나 잘 해라'의
금자씨보다 더 친절하다

# 철원의 밤

1

근육질이다

찢고 싶어도
마음대로
찢을 수가 없다

만에 하나
찢었다 하면
다음 날은
반드시 꿰매 놓아야 한다

책임 못질 일은
저지르지 말라고
은연중에 가르친다

근육질 중의
근육질이다

2

무장을 해제한 적이 없다

이따금 암구호를 주고받는다

지뢰가 은신한 지역에서
달빛이
별빛이
엉거주춤할 때는
몸 둘 바를 모른다

지뢰가 입을 벌리면
소스라친다

무장을 업그레이드하는 것을
잊은 적이 없다

## 철원의 달

좌도
우도 아니다

별들이
다 지켜보고 있는데
엉뚱한 짓을 할 정도로 어리석지 않다

별들이
지켜보지 않아도
엉뚱한 짓을 한 적이 없다

화살머리고지,
백마고지,
노동당사의 사랑을
가장 많이 받는다

화살머리고지,
백마고지,
노동당사의
옛 상처를 덧나게 하는 게 아니라
옛 상처를 치유하고 다니니

사랑을 받을 수밖에 없다

좌도
우도 가리지 않는다

## 철원 DMZ에 내리는 눈

삼팔선도
휴전선도 다 지운다

지워도
지운 자국이 나지 않게
다 지운다

산짐승들이
들짐승들이 길 잃을까 봐
엉거주춤하지 않는다

산짐승들도
들짐승들도
길을 잃어 봐야 한다 생각한 것 같다

길을 잃어 본 자만이
길을 찾을 수 있다
생각한 것 같다

휴전선도
삼팔선도 다 지운다

# 오지다
### －삼팔선 이북과 휴전선 이남 사이

철원이 오지다
하면

평양이
눈살을 찌푸릴 것이고

개성이 오지다
하면

서울이
눈살을 찌푸릴 것이고

## 철원은 두루미다


철원은 두루미다

거만한 독수리와
쓸쓸한 기러기가
서운해 해도 어쩔 수 없다

철원 하늘을
두루두루 살피고 다니는
두루미다

철원은 노동당사다 하면
몰매를 맞을 수도 있으나
철원은 두루미다 하면
누구도 이의를 제기하지 않는다

터진 철원 하늘을
두루두루
꿰매 주고 다니는
두루미

품위가

무엇인가를
보여주는
두루미

철원은 두루미다

2부

## 한탄강(漢灘江)


그냥 높은 데서
낮은 데로 흐를 뿐
좌도 아니고
우도 아니다

한탄강이 낳은
직탕폭포도
주상절리도
고석암도
좌도 아니고
우도 아니다

한탄강도
한탄강과 뜻을 같이 한 지류들도
좌도 아니고
우도 아니다

예나 지금이나
한탄강은 좌우 가리지 않고
목마른 자들의
목을 축여 주고 있다

그냥 높은 데서
낮은 데로 흐를 뿐
좌도 아니고
우도 아니다

## 한탄강(漢灘江)은 오독하기 쉽다

한탄강은 오독하기 쉽다

한탄강은 오독하기 쉽다가 아니라
오독한다,
한이 많은 강으로

은하수가 흐르던 여울을
은하수로 빚은 여울을
한이 많은 여울로 오독을 하다니

좌우 냉전 이데올러기가 낳은
파일드라이버 작전,
백마고지전투,
저격능선전투가
한탄강을 피로 물들인 뒤에
한탄강은
은하수가 흐르던 여울이 아니라
한이 많은 여울이 된 것이다

恨歎,
恨歎

어름치,
껑지,
모래마자,
참마자와
동고동락하는
한탄강

한탄강은 오독하기 쉽다가 아니라
오독한다

* 한탄(恨歎)

# 고석정(孤石亭)


어울려도
왕들과 어울리고
임꺽정과 어울렸다

누구와
어울리느냐에 따라
생각이 달랐다

6 · 25 전쟁 전과
6 · 25 전쟁 후
시대에 따라
또 생각이 달랐다

직탕폭포와
삼부연폭포와
생각이 같다

직탕폭포는
삼부연폭포는
목소리를 높이지만

고석정은
눈빛으로
낯빛으로 말한다

누구와
어울리느냐에 따라
시대에 따라
생각이 달랐다

## 삼부연폭포(三釜淵瀑布)


한때 음풍명월로 시간을 죽이던
삼부연폭포가
생각을 바꾸었다

시종일관
동족상잔하지 말자,
동족상잔하지 말자 외친다

노귀탕,
솥탕,
가마탕 중에
누가 그런 제안을 했는지 몰라도

6·25 전쟁 증에
삼부연폭포가
조국이 하나되는 것도 중요하지만
동족상잔하지 않는 것이
더 중요하다는 것을
체득한 것이다

누구보다 들으라고

누구보다 들으라고
저리 외치는지

한때 음풍명월로 시간을 죽이던
삼부연폭포가
생각을 바꾸었다

## 직탕폭포

6·25 전쟁 전과
6·25 전쟁 후에 내는
소리가 다르다

6·25 전쟁 전에는
조국은 하나다
조국은 하나다

6·25 전쟁 후에는
동족상잔하지 말자
동족상잔하지 말자

전후에 얼굴 내민 내가
그걸 어떻게 아느냐고
물어야 맞다

직탕폭포를 낳은
한탄강이
나에게 귀띔히 주었다

6·25 전쟁 전과
6·25 전쟁 후에 내는
소리가 다르다

## 매월대폭포

외치는 소리가
직탕폭포와
삼부연폭포와
조금 다른 게 아니라 아주 다르다

學而時習之不亦說乎
有朋自遠方來不亦樂乎
人不知而不慍不亦君子乎

누구보다 들으라고
누구를 가르치려고
내 앞에서
논어 학위편 제 1장을 되풀이하나

學而時習之의
시습인
매월당과 놀았으니
사서삼경을 뗀 게 분명하다

듣기만 해야지
한글 논어 뗀 정도로

웅대했다간
바로 들통나니

외치는 소리가
삼부연폭포와
직탕폭포와
조금 다른 게 아니라 사뭇 다르다

\* 子曰學而時習之不亦說乎
자왈학이시습지불열호
有朋自遠方來不亦樂乎
유붕자원방래불역락호
人不知而不慍不亦君子乎
인부지이불온불역군자호

배우고 제 때에 익히니 또한 기쁘지 아니한가.
벗이 먼 곳에서도 오니 또한 즐겁지 아니한가.
남이 알아주지 아니해도 화나지 아니하니 또한 군자답지 아니한가-

## 순담(純潭)

피비린내 나는 6·25 전쟁 중
피아를 가리지 않고
돌봐 주었지

너그러운 순담에게
피아가 따로 없었지,
솔직히 말하면

부역을 했다고
피아 누구도
순담을 닦달한 적 없었지

순담을 대창으로 찌르거나
총으로 사살할 생각은
피아 누구의 머리에도 없었지

누가 돌봐 주라고 가르친 적 없어도
피로에 지친 병사들의
목을 축여주고 상처를 다 씻어 주었지

삼팔선과 휴전선 사이에서

일어난 일들을
속속들이 기억하고 있지

더 늦기 전에
6·25 전쟁 중 순담이 겪은 일들을
구술로라도 받아나야지

피비린내 나는 6·25 전쟁 중
피아를 가리지 않고
돌봐 주었지

# 소이산 재송평

6 · 25 전란 중
누구의 편을 들었는지 묻고 싶지 않은
소이산의 휘하에 있다고 하면
기분이 썰렁하겠지

백성을 어여삐 여겨
한글을 창제한
세종과 함께하여 생각이 깊다고 하면
흐뭇하겠지

재송평야와
대야잔평을 한눈에 볼 수 있는
소이산의 휘하에 있는 것도
세종과 함께한 것도 사실이여

6 · 25 전란 중 혁혁한 공을 세웠는지
나서지 않아
몸을 온전히 보전하였는지
물어 볼 수가 없다

6 · 25 전란 중

누구의 편을 들었는지 묻고 싶지 않은
소이산의 휘하에 있다고 하면
기분이 썰렁하겠지

## 용양늪

왕버들 군락이 지켜보는 가운데
금강산전기철도 교각이
출렁다리를 양팔 삼았다

호기심 많은
내 눈빛이
가만히 있을 리가 없다

마음 한 구석이 말려도
내 눈빛이
겁 없이 출렁다리를 건넌다

한 차례도 아니고
여러 차례
출렁다리를 왔다 갔다 한다

결국 내 눈빛이
출렁다리가 아니라
물 위를 걸어 다닌다

왕버들 군락이 바라보는 가운데

금강산전기철도 고각이
출렁다리를 양팔 삼았다

## 송대소 주상절리

참담하다,
비참하다를 넘어서는 것들을
똑똑히 보고
다 기억하고 있다

제 몸 하나
간수하느라
정신없는 줄 알았더니
그게 아니다

조국을 사랑하는 마음이
직탕폭포,
삼부연폭포,
고석정 못지않다

다시
동족상잔하는 일이 벌어지면
이웃들과 함께
바로 들고 일어날 것이다

옛날에는

누구의 편도 들 수 없어
지켜보기만 했지만
앞으론 가만있지 않을 것이다

비참하다,
참담하다를 넘어서는 것들을
똑똑히 보고
다 기억하고 있다

# 학저수지 여명

달빛과
별빛이
동난 것이
학저수지에게 들통나기 직전에
충전하러 가기 위하여
달과
별들이 뒷걸음치나

달빛과
별빛을 받아내느라
정신없는
학저수지에게
정신 차릴 기회를 주기 위하여
달과
별들이 뒷걸음치나

머지않아
달빛과 별빛을 챙긴
학저수지에
얼굴 내밀 해에게
어떤 부담도 주지 않기 위하여

달과
별들이 뒷걸음치나

## 도피안사에게 속을 보이다

도피안사를 가까스로 찾았다

도피안사로 도피한 게 하니라
도피안사에게 물어볼 게 있어
도피안사를 찾은 나에게
도피안사가 약수부터 대접하였다

도피안사에게 물어볼까 말까
망설이는 중에
도피안사가 거느린
대적광전,
극락전,
삼성각,
삼층석탑이 나를 지켜보았다

내가 뭘 물어볼지
내 눈빛만으로
다 알고 있는 것 같았다

6 · 25 전쟁 중
남북이 동족상잔하도록

왜 내버려뒀냐고 물으려는
내 마음을 다 들여다본 것 같았다

애매한 것을
난처한 것을 물어
도피안사를 곤혹스럽게 해서는 안 된다는
생각이 뒤늦게 떠올랐다

도피안사에게 속만 보이고 돌아왔다

# 토교저수지
### - 기러기 떼


끼륵 끼륵 끼륵 끼륵

끼리끼리 대오를 지어
철원의 하늘을 순시하는
기러기 떼가
자신들의 모습을 들여다볼 수 있는 거울이
토교저수지다

토교저수지가
저리 흐뭇해하는 것은
먼 하늘을 날아온
기러기 떼는 물론 다른 철새들이
아무르강이나
바이칼 호수의 소식을 전해주기 때문이다

아무르강이나
바이칼 호수의 소식을 전해줄 뿐만 아니라
자신의 소식을
아무르강이나
바이칼 호수에게 전해주기 때문이다

어디가 친가이고
어디가 외가인지
헷갈린다

잠에서 깨어난 기러기 떼가
자신을 박차고 비상하도록
날마다
뒤에서 팍팍 밀어주는 이가
토교저수지다

끼룩 끼룩 끼룩 끼룩

# 3부

## 김일성고지에게 신신당부하다


존엄한
김일성고지에게 신신당부하고 돌아왔다,
눈빛으로

다시는 동족상잔하지 말자
다시는 동족상잔하지 말자

누가 들으면
나보다 겁이 없다 하겠지만
김일성고지에게 신신당부하고 돌아왔다,
눈빛으로

다시는 동족상잔하지 말자
다시는 동족상잔하지 말자

근엄한
김일성고지에게 신신당부하고 돌아왔다,
눈빛으로

다시는 동족상잔하지 말자
다시는 동족상잔하지 말자

# 김일성고지에게 '황성옛터'를 들려주다

주체사상으로 무장한
김일성고지에게
다시는 동족상잔하지 말자고 부탁한 뒤
황성옛터를 눈빛으로 들려주었다

- 황성 옛터에 밤이 되니 월색만 고요해
폐허에 쓰린 회포를 말하여 주노라
아 가엾다 이 내 몸은 그 무엇을 찾으려고
끝없는 꿈의 거리를 헤매어 있노라

김일성 고지가
황성옛터를 들으면
나라 잃은 시대의 슬픔을 생각하며
다시는 동족상잔하지 않으리라고 믿어서다

- 성은 허물어져 빈터인데 방초만 푸르러
세상이 허무한 것을 말하여 주노라
아 외로운 저 나그네 홀로서 잠 못 이뤄
구슬픈 벌레 소리에 말없이 눈물져요

북녘 하늘 아래 다른 고지도 고지이지만

김일성고지의 마음만 사로잡으면
동족상잔의 비극은 없으리라 생각하고
황성옛터를 눈빛으로 삼절까지 들려주었다

- 나는 가리오다 끝이 없이 이 발길 닿는곳
산을 넘고 물을 건너서 정처가 없이도
아 한없는 이 설움을 가슴속 깊이안고
이 몸은 흘러서 가-노니 옛터야 잘 있거라

* 황성옛터: 왕평 작사 전수린 작곡 이애리수 노래이다.

## 동막리가 낳은 아이들은 인민군에 징집되지 않았다

관전리를 비롯한 학교와 가까운 마을이 낳은
18세 이상의 아이들은
6 · 25 전쟁 중 인민군으로 징집이 되었어도
학교에서 멀리 떨어진 동막리가 낳은 아이들은
포연 속에 학교에 나가지 않아
징집되지 않았다

인민군에 징집돼
아시보 장총에 붙들려간 아이들의
생사는 알 수가 없다

지금은 거의 다 먼 길 떠나고
가까스로 버티고 있는
동막리가 낳은 아이들의 머릿속은
인민군에 징집돼 돌아오지 않는
동무들 생각으로 꽉 차 있다

귀염을 토한
'웰컴 투 동막골'을
생각나게 하는
동막리

동막골 뒷산
메밀밭에 쏟아지던
달빛을
별빛을
잊을 수가 없다

동막리가 낳은 아이들은
6·25 전쟁 중에
인민군에 징집되지 않아
전사는커녕
중상도
경상도 입지 않았다

*'웰컴 투 동막골'의 촬영지는 강원 평창군 미탄면 동막골길이다. 동막리의 동막이 영화 속 동막골을 생각나게 한다. 실제로 동막티는 철원의 오지이다.

## 화살머리고지가 고개를 들다


한때 고개 숙인
화살머리고지가 고개를 들었다

고개 숙인 정도가 아니라
주저앉았었다

화살머리고지가 고개를 들었지만
여전히 지뢰가 군림하고
통일화와 양말을 벗지 못한
때론 철모를 쓴 백골이 된 유해와
총 맞은 철모와 수통과 탄피와
사용하지 않은 탄알이 은신하고 있다

백병전도 불사한 화살머리고지가
자유와 평화를 위하여
먼 걸음을 한 프랑스군,
항미원조전쟁에 끌려나온
중국인민지원군,
왜 동족상잔을 해야 하는가를
누구에게 물어볼 틈도 없었던
국군과

인민군의 유해를 고이 간직하고 있다

이따금
뒷걸음치는 시간에
화살머리고지가
아비규환의 시간을 보내기도 한다

한때 주저앉은
화살머리고지가 고개를 들었다

## 화살머리고지가 요지부동이다


몸을 회복한 화살머리고지가
그냥 그 자리에서
요지부동인 것은 생각이 깊어서다

궁수인 누군가가
화살머리고지를 화살촉 삼아
시위를 잡아당겨 놓았다간
과녁인 누군가의 가슴에 꽂히는 날에는
화살머리고지가 죄를 짓게 된다

누군가의 가슴이
그냥 누군가의 가슴이 아니라
동족의 가슴인데
동족의 가슴에
화살머리고지가 꽂히고 싶겠는가

화살머리고지는
아무리 좋은 전쟁도
아무리 나쁜 평화보다 못하다는 것을
너무도 잘 알고 있다

몸을 회복한 화살머리고지가
그냥 그 자리에서
요지부동인 것은 생각이 많아서다

## 백마고지가 갈기를 세우다


한때
죽은 듯이 드러누워 있던
백마고지가 갈기를 세웠다

백마고지가
갈기를 세우기까지
육십육 년의 세월이 흘렀다

백마고지가
어느 날 벌떡 일어나
그냥 갈기를 세운 게 아니다

백마고지가 갈기를 세웠다 해서
6·25 전쟁 중 입은 상처가
다 치유된 것도 아니다

여전히
발목을 잡는 지뢰와 불발탄들이
군림하고 있다

그냥 그대로

그냥 그대로
드러누워 있을 수 없는 것이다

한때
죽은 듯이 드러누워 있던
백마고지가 갈기를 세웠다

## 백마고지가 갈기를 세우고 있다


백마고지가 갈기를 세우고 있다

어딘가로 달려가 누군가를 무찌르려고
갈기를 세운 게 아니라
어느 놈도 자신을 우습게 보지 않게 하려고
갈기를 세우는 것이다

전후 한때 의기소침해 있던
자신을 우습게 보고
자신을 능욕하려는 자들이 있다는 것을
백마고지가 직감하였기에
우습게 보이고 싶지 않은 것이다

너무 오래 엎드려 있어
몸이 근질근질하기도 하지만
백마고지가 갈기를 세우고 달리면
본의 아니게
백마고지의 발굽에 치일 이들이 생길 것이다

백마고지의 발굽에 치일 이들이
내 동포 내 형제인데

백마고지가 맘껏 달릴 수 있겠는가

내 동포 내 형제가 아닌 이들이
백마고지의 발굽에 치일지라도
백마고지는 마음이 편치 않을 것이다

어딘가로 달려가더라도
자신에게 해만 끼치지 않으면
백마고지는
자신의 발길에 누구도 치이지 않도록 할 것이다

백마고지가 갈기를 세우고 있다

## 화살머리고지는 어딘가로 날아가고 싶다

화살머리고지는
어디서 날아왔을까

화살머리고지는
어디서 날아온 게 아니고
어딘가로 날아가려고
여기에 대기하고 있다가
당하였을까

화살머리고지가
어딘가에서 날아왔다면
누가 시위를 당겼으며
과녁을 제대로 맞췄나

어딘가로 날아가려고
여기에 대기하고 있다면
누가 시위를 당기며
과녁은

화살머리고지가
어디서 날아왔든

어디로 날아가든
화살머리고지가 녹이 슬어서는
안 된다

고개 숙인
화살머리고지가
고개를 들어 다행이다

화살머리 고지는
어딘가로 날아가고 싶은 것이다

# 백마고지는 어딘가로 달려가고 있다

백마고지는
어디서 달려왔을까

백마고지가
어디서 달려온 게 아니라
어딘가로 달려가려고
대기하고 있다가
그냥 주저앉았을까

주저앉은 백마고지가
마냥 주저앉아 있지 않고
일어나 갈기를 세운 것은
불행 중 다행이 아니라
잘한 일이다

백마고지가
일어나 갈기를 세우는데
해와 달, 별빛이 구름빛이
앞에서 끌어주고
뒤에서 밀어주었다

갈기를 세운
백마고지는
이미 어딘가로 달리고 있다

이미 어딘가로 달리고 있는
백마고지가
누구도 눈치 못 채게
어딘가로 달리고 있다

해와 달, 별빛이
백마고지의 등에
교대로 올라타고 있다

## 화살머리고지와 백마고지가 의기투합하다


서로 눈빛을 주고받고 지내는
화살머리고지와
백마고지가 의기투합하였다

그냥 그대로 있다가는
그냥 그대로 있다가는
언제 또 다시 어장날지 모르기에
대책을 세워야 한다고 생각한 것이다

화살머리고지와
백마고지가
다시는 동족상잔하지 말자고
주변의 고지들을 설득한 지 오래됐다

암구호를 주고받듯
경례를 하듯
한쪽이 조국은 하나다 하면
다른 쪽이 동족상잔하지 말자로 답한다

어느새
우리나라의 고지란 고지들은

조국은 하나다와
동족상잔하지 말자로 눈빛을 주고받고 있다

백두대간의
모든 고지들이
눈빛으로 내통한 것을
우리들만 모르고 있다

만에 하나
앞으로 뭔 일이 나면
백두대간의
모든 고지들이 항명할 것이다

동족상잔하는 일에는
백두대간의 고지들이
죽어도 응하지 않을 것이다

서로 눈빛을 주고받고 지내는
화살머리고지와
백마고지가 의기투합한 지 오래됐다

## 승일교(昇日橋)

승일교는
좌우 냉전 이데올러기의 합작이다

좌우 냉전 이데올러기가 악수하듯
얼굴 내민 승일교는
부동이화의 달인이다

교각이 아치형인
승일교의 꿈은 무지개다

빨주노초파남보가
단 한 차례도
남의 자리를 넘보지 않는
무지개가 꿈이다

인민의
인민에 의한
인민을 위한 세상을 꿈꾼
좌우 냉전 이데올러기가
악수하듯
얼굴 내민 승일교를 닮으면 좋겠다

승일교는
좌우 냉전 이데올러기의 합작이다

## 도로원표가 총을 맞다

6 · 25 전쟁 중
도로원표가 총을 맞았다

군인도 아닌
민간인도 아닌
도로원표가 총을 맞았다

군인이라면
훈장을 받고
상이용사 대접을 받을 텐데

평강 16.8km,
김화 28.5km,
원산 181.6km,
평양 215.1km,
이천 51.4km,
포천

도로원표가
총을 맞고도 살아난 것을
자랑하지 않는다

육십육 년이 지난 뒤에도
마음의 상처는 여전하다

그 총알이
좌우 냉전 이데올로기의 어느 쪽인지
도포원표가 입을 봉하니
알 수가 없다

도로원표도
모를 수 있다

군인도 아닌
민간인도 아닌
도로원표가 총을 맞았다

## 제 2땅굴이 얼굴을 들지 못한다


제 2땅굴이 얼굴을 들지 못한다

도둑질하다 들킨
도둑놈처럼

밖으로 나올 생각을 못하고
자꾸만
자꾸만
안으로 들어갈라고만 한다

나를 끄집어 잡아당겨 안으로 데려가는데
겁이 나기도 한다

겁이 나도
겁먹은 표정을 짓지 않아야 한다

땅굴이 자기가 뭔 짓을 했나 보여주려고
나를 끄집어 잡아당기는 건지
그게 자랑스러운 일이라 생각하고
나를 끄집어 잡아당기는 건지
헷갈린다

두더지처럼
두더지처럼
땅속에서 활보하는 땅굴이
나를 끄집어 잡아당겨 사고칠 줄 알았더니
다시 밖으로 데려다 준다

제 2땅굴이 고개를 들지 못한다

# 월정리역에 내리는 비


쏴 쏴 쏴 쏴 쏴 쏴 쏴 쏴

비 내리는 소리가
쏴 쏴 쏴 쏴 쏴 쏴 쏴 쏴로 들리면
전쟁의 상흔이
여전히 군림하고 있다는 것이다

쌀 쌀 쌀 쌀 쌀 쌀 쌀 쌀

비 내리는 소리가
쌀 쌀 쌀 쌀 쌀 쌀 쌀 쌀로 들리면
전쟁의 상흔이
잠시 한눈팔고 있다는 것이다

쏼 쏼 쏼 쏼 쏼 쏼 쏼

비 내리는 소리가
쏼 쏼 쏼 쏼 쏼 쏼 쏼 쏼로 들리면
전쟁의 상흔이
군림하고 있기도 하고
한눈팔고 있기도 하다는 것이다

쏴 쌀 쏴 쌀 쏴 쌀 쏴 쌀

비 내리는 소리가
쏴 쌀 쏴 쌀 쏴 쌀 쏴 쌀로 들리면
전쟁의 상흔이
줏대가 없다는 것이다

**4부**

## 노동당사는 마음이 무겁다


노동당사는 마음이 무겁다

분단 조국을
하나로 만들려는 꿈이
백두대간을 피로 물들였으니

의도는 좋았으나
결과가
동족상잔을 가져왔으니

조국이 하나 되는 것도 중요하지만
동족상잔하지 않는 것이
더 중요하다는 것을 미처 깨닫지 못했으니

노동당사는 마음이 무거울 수밖에 없다

## 노동당사는 송환 불가능한 포로다

1946년 생
노동당사는 송환 불가능한 포로다

거물급이다

제네바 협정에 따라
포로로서 대접을 받고 있다

총탄 및 포탄으로
부상당해 뼈만 앙상하게 남았는데
원래의 모습을 되찾는 것이
쉽지 않다

살아남은 것만으로도
만족해야 할 형편이다

부상병을 치료해 주는 것이 원칙이나
어디서부터 치료해 줘야 할지
부상이 심해
답이 안 나온다

탯자리가 철원인
노동당사는 송환 불가능한 포로다

# 노동당사와 눈빛을 주고받다


어지간해선
누구에게도
마음을 열지 않는 노동당사와
눈빛을 주고받고 있다

노등당사가
무슨 생각을 하고 지내는지
알아내려고
내가 눈빛을 보낸 게 아니다

노동당사가 당당하게 서 있으면
멱살이라도 잡고
왜 내 동포 내 형제에게
총부리를 겨눴냐고 따지겠지만
뼈만 앙상하게 남은 초라한 노동당사를
껴안아 줘야지
멱살을 잡아 뭣하겠는가

내 동포 내 형제에게 총부리를 겨눈 자신을
내 동포 내 형제라고 여긴
내 마음을 읽었기에

노동당사가
나에게 눈빛을 준 것이다

노동당사가
마지못해 눈빛을 준 것이 아니라
기꺼이 눈빛을 준 것이다

어지간해선
누구에게도
마음의 문을 열지 않는 노등당사와
눈빛을 주고받고 있다

## 노동당사가 사랑을 제일 많이 받다


철원에서 노동당사가
사랑을 제일 많이 받는다 하면
다들 고개를 갸우뚱거릴 것이다

철원에서 노동당사가
관심을 제일 많이 받는다 하면
이해가 돼도
사랑을 제일 많이 받는다니
고개를 갸우뚱거릴 수밖에

고개를 갸우뚱거릴 뿐만 아니라
눈도 휘둥그레질 것이다

철원에서
밤이면 달빛과 별빛의
사랑을 가장 진하게 받는 이가
앙상하게 뼈만 남은 노동당사이다

6 · 25 전쟁 중 입은
아직도 아물지 않은
노동당사의 상처를 치유해 주느라

달빛과 별빛이 방문하는지

냉전 이데올러기의 하수인인
노동당사에게
다시는 동족상잔하지 말자고 설득하러
달빛과 별빛이 방문하는지

철원에서 노동당사가
사랑을 제일 많이 받는다 하면
다들 고개를 갸우뚱거리거나
눈이 휘둥그레질 것이다

## 노동당사가 갈 데가 없다


6·25 전쟁 중 부상으로
뼈만 앙상하게 남은
노동당사가 자유의 몸이 돼도
갈 데가 없다

지금 붙들려 있는 게 아니라
탯자리가 바로 그곳인데
어디로 가겠는가

말이 포로지
노동당사는
자유의 몸이나 다름없다

제네바 협정뿐만 아니라
보수 우익에 의해
해코지를 당하지 않도록
16개국 깃발이 노동당사를 지켜주고 있다

철원이
삼팔선 이북이었다가
휴전선 이남이 되었으니

노동당사도 머리가 복잡하구

이제 자유의 몸이니
떠나고 싶으면 떠나라고 하도
그 몸으로 어디를 가겠는가

6·25 전쟁 중 부상으로
뼈만 앙상하게 남은
노동당사가 자유의 몸이 돼도
갈 데가 없다

# 노동당사가 전향을 하지 않았다


마르크스 레닌 주의자인
노동당사는
전향을 하지 않았다

누가
전향을 하라고
노동당사를 회유한 적도 없다

전향을 하라고 해서
전향을 할
노동당사가 아니다

노동당사를 뼛속까지 아는데
누가
노동당사에게 전향을 하라고 하겠는가

삼팔선 이북맛도
휴전선 이남맛도 다 본 이가
노동당사이다

노동당사가 자발적으로

전향을 하겠다고 해도
진의를 파악하기가 쉽지 않다

모반만 반란만 꿈꾸지 않으면
그냥 그대로
노동당사를 내버려둬야 한다

노동당사는
전향을 하나
전향을 안 하나 마찬가지다

# 노동당사는 주체사상을 모른다

1946년 생인
노동당사는
순수한 마르크스 레닌 주의자이다

마르크스 엥겔스의 공산당 선언은 접했어도
1972년 생인
주체사상을
노동당사는 접한 적이 없다

삼팔선 이북에서 태어난 지
몇 년 안 된
1953년 7월 27일 정전협정 이후
휴전선 이남에서 삶을 영위하였으니
주체사상을 접할 수가 없다

노동당사가
철학적 원리,
사회역사원리,
지도원칙 등으로 이루어진
주체사상을 접하였다면
노동당사는 어떠한 반응을 보였을지

궁금하다

주체사상을 위하여
누구보다
앞장섰을까
마지못해 따랐을까
아니면 등을 돌렸을까

마르크스 레닌 주의자인
노동당사는
주체사상을 접한 적이 없다

## 노동당사에게도 꿈이 있다


6·25 전쟁으로 뼈만 남아
외모는
초라함을 넘어 비참한
노동당사에게도 꿈이 있다

6·25 전쟁 전에는
조국이 하나되는 것이었지만
지금은
다시는 동족상잔해서는 안 된다는 것이다

이런 꼴로
더 살아보고 싶은 마음이
나지 않을 때가
한두 번이 아니었다

이날 이때까지 버틴 것은
다시는
동족상잔해서는 안 된다는 것을
보여주기 위해서다

6·25 전쟁으로 뼈만 남아

외모는
초라함을 넘어 비참한
노동당사에게도 꿈이 있다

## 분단시계 '두근두근'은 마음이 바쁘다


지구종말시계 아닌
노동당사와 동고동락하는
분단시계
'두근두근'은 마음이 바쁘다

어서 빨리
통일을 바라는 마음이
초, 분, 시 별로
얼굴을 내민다

아날로그 아닌
디지털로
시시각각
시시각각

시간은
시속 아닌
분속 아닌
초속으로

지구종말시계 아닌

노동당사와 동고동락하는
분단시계
'두근두근'은 마음이 초조하다

## 노동당사가 오해를 사게 생겼다


노동당사 안팎의
풀벌레 울음소리 때문에
노동당사가 오해를 사게 생겼다

따단따단 따따따
따단따단 따따따

이인모 노인처럼 전향은 안 했어도
노동당사는
다시는 동족상잔하지 않아야 한다는 것을
가슴에 새긴 지 오래인데
모르스 부호로
접선하는 것으로 오해를 사게 생겼다

따단따단 따따따
따단따단 따따따

좌도
우도 아닌 게 아니라
좌도
우도 다인

노동당사

노동당사 안팎의
풀벌레 울음소리 때문에
노동당사가 오해를 사게 살겼다

# 노동당사의 십팔 번은 전선야곡이다

언제 어디서 누구에게 배웠을까
노동당사가
전선야곡을 흥얼거린다

- 가랑잎이 휘날리는 전선의 달밤
소리 없이 내리는 이슬도 차가운데
단잠을 못 이루고 돌아눕는 귓가에
장부의 길 일러주신
어머님의 목소리
아 아 그 목소리 그리워

나는
비목이 십팔 번인데
노동당사는
전선야곡이 십팔 번이다

- 들려오는 총소리를 자장가 삼아
꿈길 속에 달려간 내 고향 내 집에는
정안수 떠놓고서 이 아들의 공 비는
어머님의 흰머리가
눈부시어 울었오

아 아 쓸어안고 싶었오

전선야곡을 이절까지 흥얼거리는
노동당사의
눈시울이 뜨겁다

* 유호 작사 박시춘 작곡 신세영 노래인'전선야곡'가사를 차용하였다. 우리
 민족이 다시는 동족상잔하지 않는 데 공헌할 이 노래를 남과 북의 모든
 병사들이 함께 부르던 좋겠다.

## 노동당사가 '발해를 꿈꾸며'와 절친이다

전선야곡이 십팔 번인
흘러간 고복수인 노동당사와
'발해를 꿈꾸며'가 절친인 것을
뒤늦게 알았다

전향한 적도 없고
전향을 강요받은 적도 없는
노동당사가
'발해를 꿈꾸며'와 절친이다

'발해를 꿈꾸며'는
그냥 '발해를 꿈꾸며'가 아니라
판문점 남북정상회담에 참가한
'발해를 꿈꾸며'다

길동무가 좋으면 먼 길도 가깝다는
평양이 돌아갈 때
서울과 함께
평양을 배웅한 '발해를 꿈꾸며'다

전선야곡이 십팔 번인

흘러간 고복수인 노동당사가
신세대인
'발해를 꿈꾸며'와 절친이다

## 노동당사가 각광받다

한때 반공인사들에게
고문과 학살을 자행하던
노동당사가 각광받고 있다

먼 걸음을 한 길들이
철원의 다른 곳은 빠뜨려도
노동당사는 죽어도 빠뜨리지 않는다

인민공화국을 꿈꾼 노동당사가
뭘 잘해서가 아니라
도대체 어떻게 생겼나 호기심이 발동한 거다

노동당사가 수분전신을 일삼았기에
아무 탈이 없지
날뛰었다간 진즉 증발하였을 것이다

노동당사와
'발해를 꿈꾸며'와 각별한 사이인 것은
코드가 맞아서가 아니다

노동당사에게

다시는 동족상전해서는 안 된다는 것을
'발해를 꿈꾸며'는 일깨워 주고 싶은 거다

한때 반공인사들에게
고문과 학살을 자행하던
노동당사가 각광받고 있다

## 노동당사는 노동당사다

6·25 전쟁 전 늠름하게 서 있을 때나
6·25 전쟁 후 뼈만 앙상하게 남아 있는 지금이나
노동당사는 노동당사다,
이 말을 제대로 파악해야 한다

몸이 어장났다고 해서
생각이 바뀔
노동당사가 아니다

인민의
인민에 의한
인민을 위한 세상을 꿈꾼 것이
잘못이 아니라
동족상잔을 한 것이 잘못이다

인민이
국민이고
국민이
인민이다

몸이 어장났다고 해서

생각이 바뀔
노동당사가 아니듯이
몸이 어장나지 않아도
생각이 바뀔 수 있는 것이
노동당사다

인민의
인민에 의한
인민을 위한 세상을 이루는데
동족상잔의 길을 밟은 것이
잘못이라고 생각하면
언제든지 노선은 바뀔 수 있다

6·25 전쟁 후 뼈만 앙상하게 남아 있는 지금이나
6·25 전쟁 전 으젓하게 서 있을 때나
노동당사는 노동당사다,
이 말을 제대로 파악해야 한다

## 비 내리는 노동당사

참담하다가 맞나
청승맞다가 맞나

둘 다 맞나
둘 중의 하나만 맞나
둘 다 틀리나

한때 잘나갔기에
지금 잘나가지 못한 건가

한때 잘나갔기에
지금 잘나간 이도 많은데

더 살아보고 싶은 마음이 있나
더 살아보고 싶은 마음이 없나

더 살아보고 싶은 마음이 없어도
맘대로 생을 앞당길 수 없으니

참담하다가 맞나
청승맞다가 맞나

# 노동당사가 새들의 은신처이고 들꽃들의 터전이다

노동당사가 이러려고 부상을 입었나

노동당사가
총탄을 맞고
포탄을 맞은 자리가
새들의 은신처이고 들꽃들의 터전이다

구멍 속을 들랑거리는 새들은
구멍에서 얼굴 내민 꽃들은
좌도
우도 아니다

새들은
꽃들은
나라도 없고
이념도 없고
사상도 없고
종교도 없다

노동당사가 이걸 가르치려고 부상을 당했나

사의재 시인선 49

# 철원

1판 1쇄 인쇄일 | 2019년 10월 1일
1판 1쇄 발행일 | 2019년 10월 7일

지은이　　김재석
펴낸이　　신정희
펴낸곳　　사의재
출판등록　2015년 11월 9일　제2015-000011호
주소　　　목포시 양을로 266(용해동)
전화　　　010-2108-6562
이메일　　dambak7@hanmail.net
ⓒ 김재석, 2019

ISBN 979-11-88819-39-3　03810

지은이와 출판사의 동의 없이 이 책의 내용 중 전체 또는 일부를 인용하거나 발췌하는 것을 금합니다.

값 10,000원

이 도서의 국립중앙도서관 출판예정도서목록(CIP)은 서지정보유통지원시스템 홈페이지(http://seoji.nl.go.kr)와 국가자료종합목록 구축시스템(http://kolis-net.nl.go.kr)에서 이용하실 수 있습니다. (CIP제어번호 : CIP2019033282)